Analisi del libro

Balzac e la piccola sarta cinese

· · · · · · · · · · · · · ·

Dai Sijie

ANALISI DEL LIBRO

Scritto da Lauriane Sable
Tradotto da Sara Rossi

Balzac
e la piccola
sarta cinese

. . . .

DAI SIJIE

DAI SIJIE

ROMANZIERE E REGISTA CINESE

- Nato nella provincia di Fujian (Cina) nel 1954
- Opere degne di nota:
  - *Balzac e la piccola sarta cinese* (2000), romanzo
  - *Il divano da viaggio del signor Muo* (2003), romanzo
  - *Le figlie del botanico cinese* (2006), film

Dai Sijie è uno scrittore e regista cinese che vive in Francia dal 1984. Si è iscritto all'Università di Pechino per studiare Storia dell'Arte all'età di 22 anni, proprio quando la Rivoluzione Culturale (movimento politico cinese, 1966-1976) stava per finire. Ha ricevuto una borsa di studio che gli ha permesso di proseguire gli studi in Francia presso l'IDHEC (*Institut des hautes études cinématographiques*, "Istituto di studi cinematografici avanzati") di Parigi. Il suo primo lungometraggio, *China, My Sorrow* (1989), ha vinto il Premio Jean Vigo e anche il suo successivo *The Chinese Botanist's Daughters* (2006) ha ricevuto il plauso della critica.

Il suo romanzo d'esordio, *Balzac e la piccola sarta cinese*, è stato pubblicato nel 2000. Nel 2003 ha ricevuto il Prix Femina per *Il divano da viaggio del signor Muo*. Le sue ultime opere pubblicate sono *Once on a Moonless Night* (2007) e *L'acrobatie aérienne de Confucius* ("L'acrobazia aerea di Confucio", 2009).

BALZAC E LA PICCOLA SARTA CINESE

UN TAGLIO AL CUORE DELLA RIVOLUZIONE CULTURALE CINESE

- **Genere:** romanzo

- **Edizione di riferimento:** Sijie, D. (2002) *Balzac e la piccola cucitrice cinese*. Trans. Rilke, I. Londra: Vintage Books.

- **1ª edizione:** 2000

- **Temi:** Rivoluzione Culturale cinese, lettura, amore, amicizia

Balzac e la piccola sarta cinese è considerato il capolavoro di Dai Sijie. Il libro ha vinto tre prestigiosi premi letterari francesi: il Prix Edmée de La Rochefoucauld, il Prix Relay du roman d'évasion e il Prix Roland de Jouvenel dell'Academie française.

Durante la Rivoluzione Culturale, avvenuta quando Sijie era adolescente, i suoi genitori furono imprigionati e lui fu mandato in un campo di rieducazione in montagna. Questa esperienza gli ha ispirato la stesura di *Balzac e la piccola cucitrice cinese*, che racconta la storia di due giovani intellettuali che vengono anch'essi inviati in un piccolo villaggio di montagna per essere rieducati dagli abitanti. Durante il loro soggiorno, i giovani scoprono la letteratura occidentale e incontrano la Piccola Cucitrice.

Questo ambiente a volte ostile è il luogo in cui tutti e tre gli adolescenti diventano adulti, mentre anche la Piccola Cucitrice si rende gradualmente conto che ci sono più strade aperte per lei rispetto a quella che sembrava essere sempre stata tracciata per lei.

La precedente esperienza di Sijie come regista gli ha permesso di adattare il romanzo per lo schermo e il film è stato presentato in anteprima al Festival di Cannes nel 2002.

SINTESI

La storia inizia una sera del 1971 in un piccolo villaggio di montagna chiamato Phoenix of the Sky. Come molti altri giovani intellettuali, il narratore e il suo amico Luo sono stati inviati lì dal regime comunista per essere rieducati dai poveri abitanti del villaggio.

In realtà, le autorità utilizzano il processo di rieducazione per "purificare" i giovani dell'intellighenzia o della borghesia attraverso una vita umile di lavori forzati. Questi adolescenti dell'alta borghesia vengono inviati in villaggi di montagna estremamente poveri, che dipendono quasi interamente dai propri prodotti agricoli per la sopravvivenza.

Questa è la sorte toccata ai due protagonisti del romanzo, costretti a lavorare nei campi, nelle miniere di carbone e come facchini, tra le altre mansioni. Poiché i loro genitori sono "autorità scientifiche puzzolenti" (p. 8), la loro rieducazione, che per la maggior parte delle persone dura al massimo due anni, probabilmente si protrarrà all'infinito. Molte delle persone rieducate nutrono la speranza di poter partire un giorno, come Quattrocchi, che vive in un altro villaggio dove condivide il destino di Luo e del narratore.

Sebbene Luo e il narratore non vadano d'accordo con Quattrocchi, questi svolge un ruolo fondamentale nella loro rieducazione: un giorno, i due protagonisti scoprono una valigia chiusa a chiave sotto il suo letto. Lo interrogano sul suo contenuto, convinti che contenga libri proibiti dal regime (che ha bandito tutti i libri occidentali, insieme ad alcuni libri cinesi, perché ritenuti pericolosi), ma Quattrocchi nega con forza queste accuse. Tuttavia, Luo e il narratore pensano correttamente che stia mentendo e da quel momento iniziano a barattare con Quattrocchi chiedendo uno dei suoi libri in cambio del loro aiuto.

Alcuni mesi dopo il loro arrivo, incontrano la figlia del sarto locale e la soprannominano "la Piccola Cucitrice". I due hanno quasi la stessa età e diventano subito amici; il narratore sospetta addirittura che il suo amico si sia innamorato di lei, ma Luo sostiene che non è abbastanza civile per lui. Ciononostante, Luo e la Piccola Cucitrice trascorrono sempre più tempo insieme e alla fine diventano molto amici. Luo sente di aver trovato la sua vocazione: educare lui stesso la Piccola Cucitrice.

Poco dopo il loro primo incontro, la giovane donna scrive a Luo per invitare i due ragazzi a mettere in scena uno "spettacolo di cinema orale" nel suo villaggio, poiché questa è la loro specialità. Ognuno di loro ha un proprio ruolo da interpretare durante ogni spettacolo: Luo è un eccellente attore e prosatore, mentre il narratore mette in musica la storia suonando il suo violino. Per lui, questo strumento rappresenta un legame con la sua vita passata.

Da quando i due giovani sono arrivati nel villaggio, il violino è stato oggetto di grande curiosità e ancor più di sospetto da parte degli abitanti. Il capovillaggio, che è un convinto comunista, si è subito mostrato sospettoso nei confronti dello strumento, ma Luo è riuscito a convincerlo a lasciare che il narratore lo tenesse, facendogli improvvisare una sonata e sostenendo che si chiama *Mozart is Thinking of Chairman Mao*, dimostrando così l'utilità dello strumento come mezzo di propaganda.

Tuttavia, quando arrivano al villaggio della Piccola Cucitrice, Luo è affetto da una grave forma di malaria e la giovane donna rimane sveglia tutta la notte per prendersi cura di lui. Il narratore pensa di averla vista baciare Luo, ma non può esserne sicuro a causa dell'oscurità.

Un giorno, Quattrocchi è costretto a chiedere l'aiuto dei due amici, poiché non riesce a portare a termine un determinato compito a causa della sua miopia. In cambio, accetta di dare loro uno dei libri nascosti nella sua valigia: *Ursule Mirouët* (1841) di Balzac (scrittore francese, 1799-1850).

Il narratore e Luo, che non hanno mai avuto la possibilità di leggere libri occidentali, sono affascinati dal romanzo e lo divorano avidamente. Appena finito il libro, Luo va a trovare la Piccola Cucitrice. Fanno l'amore per la prima volta e lui racconta al narratore questa esperienza al suo ritorno. I due amici cercano di ottenere altri libri da Quattrocchi, ma senza successo.

In estate si presenta una nuova opportunità: La madre di Quattrocchi gli procura un lavoro in un giornale per salvarlo dal processo di rieducazione e gli affida il compito di raccogliere autentiche canzoni di montagna da pubblicare nel giornale. Il narratore e Luo si offrono di svolgere questo compito per lui, visto che non può farlo da solo, in cambio di nuovi libri, e vanno alla ricerca di un mugnaio solitario che ha la fama di conoscere "tutte le canzoni della regione, e [...] di essere un campione di canto" (p. 60).

I due amici riescono a convincere il vecchio a cantare per loro, ma le canzoni che riportano sono sconce e, sebbene Quattrocchi decida di pubblicarle comunque dopo averle editate, si rifiuta di dare loro in cambio i libri che aveva promesso. I due si lasciano in cattivi rapporti dopo che il narratore perde le staffe e si scaglia contro di lui. La delusione di Luo per questo fallimento è aggravata dal fatto che aveva notato che la Piccola Cucitrice amava particolarmente alcuni brani di Balzac.

Non hanno un'altra occasione di mettere le mani sui libri finché la madre di Quattrocchi non viene a cercarlo di persona. Per festeggiare il suo arrivo viene organizzata una grande festa e, incoraggiati dalla Piccola Cucitrice, Luo e il narratore rubano la sua valigia piena di libri.

Per circa un mese, i due amici approfittano dell'assenza del capoclan per divorare il contenuto della valigia: contiene libri degli scrittori francesi Victor Hugo (1802-1885), Stendhal (1783-1842), Alexandre Dumas, Père (1802-1870) e Gustave Flaubert (1821-1880), tra gli altri. Il narratore è particolarmente affascinato da *Jean-Christophe* (1904-1912) di Romain Rolland (scrittore francese, 1866-1944), mentre Luo conserva la sua passione per le opere di Balzac e va a leggerne ogni giorno dei brani alla Piccola Cucitrice.

Qualche tempo dopo, il padre della giovane donna, che è un sarto ambulante, viene a trascorrere un po' di tempo nel villaggio. Su sua richiesta, il narratore inizia a raccontargli la storia de *Il conte di Monte-Cristo* (1845) di Alexandre Dumas, che ha letto di recente, nel corso di nove notti.

Tuttavia, la terza notte, il capovillaggio li interrompe e minaccia di denunciarli per aver raccontato storie reazionarie, a meno che Luo, figlio di un famoso dentista, non riesca a curare il suo mal di denti. Luo ci riesce, aiutato dal narratore e dal sarto, la cui macchina da cucire viene usata come attrezzatura medica di fortuna. Il narratore controlla il pedale della macchina, che regola la velocità dell'ago, e questo gli dà la possibilità di sfogare tutto il suo odio verso il capovillaggio in modo un po' sadico, potendo far muovere l'ago il più lentamente possibile per massimizzare il dolore.

Poco dopo, Luo viene chiamato al capezzale della madre malata. Chiede al narratore di occuparsi della Piccola Cucitrice, ma questo suscita la gelosia dei rivali di Luo, che lo trattano male. Il narratore è anche costretto a riconoscere i propri sentimenti per la Piccola Cucitrice, il che rende ipocrita il suo ruolo di protettore.

Proprio quando lui sta per dirle che pensa di dover smettere di venire a trovarla, lei confessa di essere incinta del figlio di Luo. Questo è un problema serio, perché il regime cinese vieta alle donne di avere figli fuori dal matrimonio, ma anche l'aborto è illegale. Il narratore si reca quindi all'ospedale di Yong Jing per verificare se sia possibile abortire illegalmente. Alla fine riesce a trovare un ginecologo disposto a eseguire l'intervento in cambio di un romanzo di Balzac.

L'operazione si svolge senza problemi e Luo torna in montagna. L'amicizia tra i tre giovani sembra incrollabile, ma un giorno la Piccola Cucitrice lascia il villaggio di montagna senza avvisare i suoi due amici, che si accorgono della sua partenza solo quando il padre, sconvolto, viene a dare loro la notizia. I ragazzi la inseguono e riescono a raggiungerla.

Tuttavia, tutte le suppliche di Luo per farla tornare indietro cadono nel vuoto. La lettura dei romanzi di Balzac ha provocato in lei un cambiamento graduale e inavvertito, trasformandola da ragazza di montagna che voleva solo compiacere Luo in una donna che vuole vivere in una città dove sarà desiderata. Decisa, dichiara che "ha imparato una cosa da Balzac, che la bellezza di una donna è un tesoro senza prezzo" (p. 172) e prosegue per la sua strada.

Sebbene il romanzo si concluda con queste parole, non si tratta della scena finale della narrazione. Cronologicamente parlando, la scena finale del romanzo si trova all'inizio della sezione finale e rappresenta Luo che brucia tutti i libri nella valigia mentre il narratore guarda, suonando una melodia sul suo violino.

STUDIO DEL CARATTERE

IL NARRATORE

Sebbene il narratore sia uno dei personaggi principali del romanzo, non viene mai nominato e svolge un ruolo molto minore rispetto al suo amico Luo, la cui storia d'amore con la Piccola Cucitrice è il vero fulcro del romanzo. Alla fine del romanzo, infatti, il narratore si definisce "spettatore" (p. 171).

Come Luo, è figlio di un medico. All'inizio della sua rieducazione ha 17 anni ed è più alto e più forte del suo amico. È anche più timido e ragionevole, anche se di tanto in tanto cede a impulsi violenti (ad esempio, colpisce Quattrocchi e si comporta in modo sadico con il capo villaggio quando gli viene curato il dente).

È estremamente fedele ai suoi amici e fa attenzione a non tradire i suoi sentimenti per la Piccola Cucitrice. La considera un'amica e rimane profondamente colpito quando lei scompare senza preavviso, nonostante l'abbia fedelmente aiutata e sostenuta durante la sua gravidanza indesiderata.

È un musicista, il che lo porta ad appassionarsi alla serie *Jean-Christophe* di Romain Rolland (il cui protagonista è anch'egli un musicista), e spera che il suo talento di violinista possa un giorno essere il suo biglietto d'uscita dalla rieducazione.

LUO

Luo è il migliore amico del narratore. È curioso e spensierato per natura e ha un grande talento per l'invenzione e l'improvvisazione, come dimostra quando disinnesca i sospetti degli abitanti del villaggio sul violino e durante la visita al mugnaio. Il narratore lo descrive come un po' furbo, non diversamente dalla pennellata "sfrenata, sontuosa, spiritosa" (p. 103) con cui scrive la sua firma.

Nonostante Luo soffra di terribili vertigini, affronta ogni giorno la pericolosa scorciatoia che conduce alla casa della Piccola Cucitrice per poterle leggere alcuni brani dell'opera di Balzac. Sembra che a spingerlo sia l'orgoglio ("Non è civile, almeno non abbastanza per me!", p. 25), ma col senno di poi appare chiaro che in realtà è motivato dall'amore per lei. Inoltre, alla fine del romanzo decide di bruciare tutti i libri della valigia, nonostante abbiano un valore inestimabile e un grande significato per lui, perché li considera il motivo per cui ha perso la donna che ama.

Questo dimostra che "l'ammiratore di Balzac" (p. 165) è anche un "amante romantico che ha raggiunto la sua amata carponi" (*ibid.*).

Come il narratore, Luo rappresenta tutti i giovani ingiustamente vittimizzati dalle misure attuate dal regime maoista durante la Rivoluzione Culturale. Tuttavia, essi simboleggiano anche la resistenza pacifica a questo tentativo di soppressione dell'intellettualità, poiché non si ribellano apertamente al regime, ma assumono una posizione indiretta e difensiva, facendo di tutto per procurarsi la letteratura occidentale, nonostante i rischi che ciò comporta, e condividendo questi libri con chiunque ne sia interessato, come la Piccola Cucitrice e suo padre.

LA PICCOLA SARTA

La Piccola Cucitrice, di cui il narratore non dice mai il nome, è l'unico personaggio a essere descritto fisicamente in modo dettagliato: oltre che per i suoi abiti, che la distinguono dagli altri abitanti del villaggio (un nastro nuovo di zecca, scarpe e così via), si distingue soprattutto per la sua bellezza: ha una lunga treccia, "il più bel paio di occhi del distretto di Yong Jing" (p. 20) e lineamenti "fini, quasi nobili" (p. 23).

Tuttavia, la sua notevole bellezza è quella di una contadina: "Quando rideva notavo una qualità indomita nei suoi occhi, che mi ricordava le ragazze selvagge del nostro versante della montagna. I suoi occhi avevano il luccichio delle gemme grezze, del metallo non lucidato" (*ibid.*). Questa descrizione è in netto contrasto con i drastici cambiamenti nell'aspetto e nell'abbigliamento della giovane donna alla fine del romanzo, che riflettono l'inaspettata trasformazione interiore che ha subìto.

È maliziosa e piena di risate e sembra amare davvero Luo: "Sono una ragazza di montagna. Adoro piacere a Luo" (p. 134). Tuttavia, la lettura dei romanzi di Balzac le infonde il desiderio di "cambiare vita e tentare la sorte in città" (p. 168), cosa che Luo non si aspettava. In questo modo, scopre che la sua vita non è limitata alla strada che sembrava essere stata scelta per lei (diventare una sarta come suo padre e vivere per sempre in montagna); al contrario, è piena di possibilità.

QUATTROCCHI

Quattrocchi fa da contrappunto ai due amici, anche se provengono tutti dalla stessa città. È stato portato in un villaggio diverso da quello dei due eroi ed è disposto a tutto pur di fuggire dalla montagna della Fenice del Cielo, anche a venir meno alla parola data e a usare i suoi compagni di sventura per raggiungere i propri scopi.

È figlio di uno scrittore e di un poeta e "vive in una paura quasi perpetua" (p. 41). È anche egoista: pur possedendo una valigia piena di preziosi libri western, si rifiuta categoricamente di lasciare che i suoi amici ne traggano beneficio, e finiscono per rubarli.

È avido per natura e vede l'amicizia solo come un modo per ottenere di più. Ammette a sua madre che: "Sono rimasto loro amico perché pensavo che tu e papà aveste problemi con i denti e che un giorno il padre di Luo avrebbe potuto aiutarvi" (p. 97).

IL CAPO VILLAGGIO

È l'unico abitante del villaggio che si distingue dalla massa uniforme dei contadini. Il suo personaggio è una sorta di figura simbolica che rappresenta i contadini comunisti e sia le sue azioni che il suo aspetto riflettono la privazione intellettuale e fisica dei contadini cinesi.

È un uomo autoritario che teme di perdere la faccia o di tradire la propria ignoranza (sostiene che il violino è un giocattolo), ma è comunque molto ingenuo e facilmente raggirabile, come dimostra il trucco della sonata di Mozart (compositore tedesco, 1756-1791). È reso credulone dalla sua stupidità e dalla mancanza di istruzione, ma anche dalle sue convinzioni ideologiche, che gli hanno fatto il lavaggio del cervello: quando sente il nome di Mao (politico e generale cinese, 1893-1976), "come se avesse sentito qualcosa di miracoloso, [il suo] sguardo minaccioso si ammorbidisce" (p. 5).

È sporco (per esempio, ha "molti peli lunghi e ispidi che sporgono dalla sua narice sinistra", p. 4) e fisicamente ripugnante (il suo occhio sinistro è macchiato di sangue), e soffriva di sifilide (con tutte le implicazioni che ciò comporta).

Questo personaggio serve a dipingere un ritratto tutt'altro che lusinghiero dei contadini comunisti cinesi, che sono stati completamente privati della cultura e della civiltà borghese secondo gli ideali del Partito Comunista Cinese, il che permette di alimentare la stupidità e l'ignoranza, rendendo la popolazione ingenua e facilmente manipolabile.

ANALISI

CONTESTO STORICO: LA RIVOLUZIONE CULTURALE

Questo romanzo è fortemente influenzato dal contesto politico e storico in cui è ambientato, poiché si concentra sul trattamento dell'intellighenzia nella Cina maoista degli anni Settanta, dopo la Rivoluzione Culturale. Questo movimento è nato dall'ideologia comunista e, più precisamente, dal modo in cui è stata attuata in Cina durante il periodo di potere di Mao.

 ## COMUNISMO E MAOISMO

Il comunismo è un'ideologia politica, economica e sociale basata sui seguenti principi:

- istituire il proletariato come classe politica;
- rovesciare la supremazia borghese;
- porre il potere politico nelle mani del proletariato;
- condivisione dei mezzi di produzione e di scambio;
- distribuire i beni in base alle esigenze individuali;
- sopprimere le classi sociali e lo Stato.

La teoria comunista si basa principalmente sugli scritti di Karl Marx (teorico e rivoluzionario socialista tedesco,

1818-1883) e Friedrich Engels (teorico e militante socialista tedesco, 1820-1895).

In Cina, una fazione comunista salì al potere nel 1949. Il sistema di governo da essa attuato fu conosciuto come "maoismo" (dal nome del leader della fazione, Mao Zedong). Il maoismo fu presentato come "marxismo pratico", ossia un marxismo attuato a livello nazionale e applicato attivamente alla lotta e alle condizioni specifiche della Cina, a differenza di altri rami del marxismo che sono principalmente di natura teorica. I due principali fondamenti ideologici del maoismo sono:

- applicazione pratica come unico criterio valido per stabilire la verità;

- contraddizione (tra il popolo e i suoi nemici, e tra il popolo stesso) come forza motrice della storia e dello sviluppo della società.

Nel gennaio 1958, Mao lanciò un'ambiziosa politica di sviluppo industriale e agricolo chiamata Grande Balzo in Avanti. Il suo obiettivo era quello di industrializzare il Paese attraverso la ridistribuzione e la collettivizzazione delle terre e l'accaparramento della maggior parte del raccolto, lasciando al popolo stesso quasi nulla. Questa politica fu attuata con un assolutismo ideologico totalmente avulso dalla realtà e fu un fallimento catastrofico, causando una carestia che fece milioni di vittime.

Mao fu quindi messo da parte e sostituito dal partito comunista. Decise di riconquistare il potere avviando una riforma culturale: "Ritenendo che il regime tendesse al revisionismo

[...] Mao Zedong non esitò a scatenare una vera e propria insurrezione giovanile sotto forma di movimenti della Guardia Rossa, che iniziò ufficialmente il 18 agosto 1966" (Mourre, 2001: 208).

Questo fu l'inizio della Rivoluzione Culturale, che sarebbe durata fino alla morte di Mao nel 1976. Le Guardie Rosse percorrono le campagne, noleggiando interi treni, per diffondere il culto della personalità dedicato a Mao e al suo *Libretto Rosso* (un libro di citazioni dello stesso Mao). Il partito fu epurato da chiunque appartenesse a una fazione revisionista e il movimento prese di mira sia i membri che la cultura dell'intellighenzia, considerata una classe sociale sfruttatrice e corrotta dall'ideologia borghese capitalista. Tuttavia, questo conflitto ideologico era in realtà una facciata per una lotta di potere politico che permise a Mao di eliminare i membri del Partito Comunista che non lo sostenevano e di rivendicare la sua posizione di Presidente della Repubblica Popolare Cinese.

Va notato che, sebbene gli occidentali ricordino principalmente la proibizione di molti valori ed elementi della cultura occidentale, anche i valori tradizionali cinesi furono presi di mira, in quanto considerati appartenenti alle classi oppressori. Per questo motivo, molti templi e statue buddiste furono distrutti dalle Guardie Rosse.

Nel romanzo, questo divieto generale viene rappresentato attraverso i riferimenti ai libri vietati sia occidentali che cinesi: ad esempio, il padre e la madre di Quattrocchi sono rispettivamente uno scrittore e un poeta cinesi, ma sono stati "disonorati dalle autorità" (p. 41). Il libro descrive anche il modo in cui le religioni sono state prese di mira dal regime attraverso il personaggio del predicatore ridotto a chiedere l'elemosina per le strade di Yong Jing (provincia di Gansu, Cina) e il riferimento a un tempio buddista che è stato "sbarrato e chiuso a chiave" (p. 163).

TRA AUTOBIOGRAFIA E NARRATIVA

A prima vista, può essere difficile stabilire a quale genere letterario appartenga questo romanzo. Alcune delle sue caratteristiche principali lo fanno sembrare un'autobiografia:

- i genitori di Dai Sijie erano medici, come quelli del narratore;

- dal 1971 al 1974, l'autore è stato inviato in un piccolo villaggio di montagna del Sichuan, la provincia in cui è ambientata la storia, per essere rieducato;

- il romanzo è scritto in prima persona;

- non viene detto esplicitamente che il testo è un romanzo.

Tuttavia, l'autore, il narratore e il protagonista di un'autobiografia sono sempre la stessa persona. In questo romanzo:

- il protagonista è Luo.

- il narratore e l'autore non hanno lo stesso nome. Sebbene il narratore non venga mai nominato, viene menzionato il significato dei tre caratteri cinesi del suo nome: un cavallo, una spada e una campanella. Si può quindi dedurre che il suo nome sia Ma Jian Ling, non Dai Sijie. Sijie ha anche dichiarato che il narratore è un personaggio ibrido che si è ispirato a diverse persone, cioè ad altri amici che sono stati rieducati insieme a lui.

Il romanzo non può quindi essere considerato un'autobiografia in senso stretto, poiché l'autore e il narratore non sono la stessa persona. Tuttavia, è evidente che l'autore è stato ispirato a scrivere questo romanzo dalla sua esperienza personale di rieducazione, il che gli conferisce una dimensione autobiografica. Questo approccio permette all'autore di condividere le proprie esperienze di rieducazione da adolescente, pur allontanando la narrazione dai suoi ricordi privati.

Ciò conferisce al romanzo un grado di obiettività che non avrebbe potuto raggiungere se Sijie avesse affrontato il tema della rieducazione solo dal punto di vista della propria esperienza, e permette di rappresentare la rieducazione da una prospettiva più generalizzata. Utilizzando la finzione come veicolo, Sijie dà voce a tutte le vittime della rieducazione, conservando al contempo tutta la forza e la veridicità della propria storia. Questo non significa però che la storia diventi una tragedia: al contrario, l'umorismo, la lucidità e la giocosità che il regime ha cercato di togliere alle vittime della rieducazione traspaiono in ogni pagina e sono le qualità che hanno permesso loro di superare la loro condizione e di resistere alle autorità che cercavano di opprimerle. Scegliere la narrativa significa quindi scegliere la resistenza.

Questo romanzo può essere irrevocabilmente definito di letteratura personale, un concetto relativamente recente, ma che sembra descrivere perfettamente questo romanzo, dato che "[denota] ogni forma che i "racconti su di sé" possono assumere, siano essi pratici, [...] retrospettivi, [...] consapevoli del loro contesto, [...] fittizi [o] privati [...] che [...] ritraggono le esperienze o le riflessioni di un individuo che è sia l'autore che il protagonista della storia" (Cantin e Aron, 2002: 435-436). Allo stesso modo, il testo può essere classificato nel sottogenere della narrativa autobiografica per il modo in cui abolisce "i confini tra storia e finzione" (*ibid.*).

FINZIONE CHE COMPLETA LA REALTÀ

L'abile intreccio tra autobiografia e finzione conferisce al romanzo una certa specificità, che si manifesta in tre modi:

• In primo luogo, per la sua **universalità**. Scrivendo un racconto di fantasia, Sijie non è più limitato a scrivere dal punto di vista rigido e parziale di un individuo particolare (cioè lui stesso), ma è invece libero di scrivere da una prospettiva più ampia e di offrire una visione più estesa dell'esperienza della rieducazione. La sua rappresentazione del processo di rieducazione e delle caratteristiche del regime non si concentra su un elemento particolare, ma si concretizza in piccoli tocchi lungo i percorsi dei personaggi e nei piccoli dettagli della vita quotidiana. In questo modo, il lettore viene gradualmente a conoscenza del modo in cui i genitori di Luo sono stati umiliati, della sporcizia delle case del villaggio, delle condizioni di lavoro difficili e pericolose (i sacchi da trasportare, la miniera), del modo in cui i libri occidentali sono stati proibiti, del tira e molla dietro le quinte (il lavoro di Quattrocchi), ecc.

• In secondo luogo, il romanzo si distingue per il suo tono **neutro e fattuale**. Il tono del narratore è sorprendentemente sobrio e contrasta con il tono tragico che si può trovare in molte autobiografie dirette. Questo aspetto, così come l'apparente passività dei personaggi di fronte al loro destino, al quale sembrano rassegnati, può sembrare sorprendente. Tuttavia, questi elementi hanno giocato un ruolo fondamentale nel modo in cui il romanzo è stato accolto:

○ **Lo rendono più oggettivo e lasciano al lettore la libertà di interpretare**. Limitandosi a descrivere i fatti, il narratore rende il suo racconto neutrale e oggettivo, lasciando al lettore la libertà di costruire la propria opinione in base alle prove che ha davanti.

○ **Riflettono gli effetti del regime**. Sebbene il narratore mantenga una certa distanza dal regime, la mancanza di giudizi severi o indignati nel racconto delle sue esperienze potrebbe essere considerata un effetto della dittatura. Egli considera ciò che sta vivendo come normale e inevitabile perché è nato in quel regime e quindi non ha mai conosciuto un altro modo di vivere ("Non eravamo le prime cavie da usare in questo grande esperimento umano, né saremmo stati gli ultimi. […] Rispetto agli altri non eravamo messi troppo male. Milioni di giovani ci avevano preceduto e milioni di persone ci avrebbero seguito", p. 7).

○ Il tono, definito da una sorta di realismo fatalista, riesce paradossalmente a **rafforzare l'indignazione del lettore**, poiché gli effetti del regime dittatoriale cinese non sono visibili solo nei fatti descritti nel romanzo, ma anche nel tono del narratore. La dittatura esercita un tale controllo sulla vita dei cittadini che la ribellione e l'indignazione non sono più riflessi naturali, non solo perché vengono costantemente repressi, ma anche perché possono essere pericolosi, come afferma lo stesso narratore dopo aver espresso il suo odio (che sfoga solo quando è solo con Luo): "Sentirmi pronunciare quest'ultima frase mi spaventava, come se potesse esserci un origliatore nascosto da qualche parte nella stanza. Un'osservazione del genere, lasciata cadere casualmente, poteva costare diversi anni di prigione" (p. 93).

- Infine, questa testimonianza è caratterizzata da un certo grado di **umorismo**, che rivela:

  o **La lucidità della situazione**. All'inizio del romanzo, il narratore nota che "statisticamente parlando, Luo e io non avevamo speranze. Ci restava la triste prospettiva di invecchiare e diventare calvi nella casa su palafitte, e di morire anche lì, dopo di che i nostri corpi sarebbero stati avvolti nei sudari bianchi tipici della regione" (p. 17). Tuttavia, non si tratta né di un semplice lamento né di una franca rassegnazione. Detto così, sembra implicare che lui e Luo siano ancora capaci di ribellarsi.

  o **La lucidità su se stesso**. Il narratore non esita a prendersi in giro, in particolare ripensando allo scherzo che hanno fatto al capo villaggio al loro arrivo (per ricordare che Luo e il narratore hanno finto di aver composto una sonata in onore del leader comunista). Allo stesso modo, prima di iniziare a leggere *Jean-Christophe* di Romain Rolland, spiega perché si sente attratto da questo romanzo in particolare nei seguenti termini: "Dato che la storia parlava di un musicista e che io stesso suonavo pezzi al violino come *Mozart sta*

Pensando al Presidente Mao, ero naturalmente attratto dal libro" (p. 102).

○ **La malizia**. In effetti, il lettore si rende presto conto sia del lato malizioso di Luo, con il quale riesce a fregare con facilità il capovillaggio e il mugnaio, sia del lato malizioso del narratore, che rende il lettore complice della loro situazione. Ad esempio, uno dei loro compiti quotidiani è quello di trasportare secchi di legno pieni di "ogni sorta di rifiuti, sia umani che animali" (p. 14). Il narratore descrive la pericolosità di questa routine prima di rivolgersi direttamente al lettore, dicendo: "Caro lettore, ti risparmierò i dettagli di ogni passo incerto; ti basti sapere che il minimo passo falso era potenzialmente fatale" (*ibid.*).

Universalità, sobrietà e umorismo possono sembrare qualità contraddittorie, ma non lo sono. Infatti, il narratore lascia che sia il lettore a crearsi un'idea personale di come fosse il regime maoista, senza dare la propria opinione in merito (sobrietà). Si limita a raccontare con i fatti una possibile esperienza di rieducazione (universalità): una situazione estremamente difficile, che tuttavia non riesce a schiacciare i due amici, perché non si lasciano crogiolare nell'autocommiserazione per la loro sorte e riescono invece a sfidare le autorità (umorismo, malizia).

I PARADOSSI DELLA RIEDUCAZIONE

Sebbene il romanzo si svolga sullo sfondo della rieducazione che accompagnò la Rivoluzione Culturale, in realtà non descrive semplicemente una ma diverse (ri)educazioni:

- I due protagonisti vengono mandati in montagna per essere rieducati dai poveri abitanti del villaggio perché considerati intellettuali. Questa iniziativa non sembra avere alcun effetto significativo su di loro: pur condividendo la vita quotidiana dei contadini, la loro ideologia rimane a loro estranea. Inoltre, il soggiorno in montagna permette loro di accedere per la prima volta ai libri occidentali, mentre a scuola potevano leggere solo i libri scolastici comunisti o il *Libretto rosso* di Mao. Queste storie occidentali forniscono loro l'educazione più vera, introducendoli al "mistero del mondo esterno, specialmente il mondo delle donne, dell'amore e del sesso" (p. 101). Non si tratta solo di un'educazione culturale, ma anche di un'educazione emotiva, che si concretizza nella storia d'amore tra Luo e la Piccola Cucitrice. Paradossalmente, l'invio dei due giovani ad essere rieducati ha l'effetto esattamente opposto a quello voluto: essi scoprono la cultura occidentale e i valori borghesi, simboleggiati dai romanzi di Balzac.

- Anche la Piccola Cucitrice viene educata leggendo Balzac, cosa che soddisfa Luo, che non la riteneva abbastanza civile per lui. Avendo notato l'effetto che la lettura di brani di *Padre Goriot* ha avuto sulla ragazza ("Questo Balzac è un mago [...] ha toccato la testa di questa ragazza di montagna con un dito invisibile, e lei si è trasformata, trasportata in un sogno", p. 58), ha deciso che la lettura di Balzac l'avrebbe resa "più raffinata, più colta" (p. 57). In questo modo, Luo trasforma la letteratura in uno strumento e la usa per indottrinare, o almeno per educare, la Piccola Cucitrice. La vede anche come un modo per renderla "degna" del suo amore, ma lei supera le sue aspettative e gli fa assaggiare la sua stessa medicina, perché il modo in cui gli eroi di Balzac prendono il controllo della propria vita la aiuta a rendersi conto del proprio valore. Come Rastignac, la Piccola Cucitrice decide di volare via dal nido e di diventare una donna indipendente, libera dai limiti che gli uomini cercano di imporle.

L'IMPORTANZA DELLA CULTURA

Divieto

La cultura è un tema centrale del romanzo fin dalle prime pagine. Il lettore capisce subito che le autorità vogliono bandire la musica e la letteratura, in quanto ritenute pericolose dal Partito Comunista Cinese e dal suo leader, Mao Zedong.

- **Musica**. I due protagonisti devono affrontare la diffidenza viscerale del capo villaggio nei confronti di un oggetto che non riconosce, il violino del narratore. Il suo sospetto è quasi ridicolo e permette loro di giocare un trucco efficace: anche se "tutta la musica di Mozart o di qualsiasi altro compositore occidentale era stata bandita da anni" (p. 5), Luo propone al narratore di far ascoltare al villaggio una delle sonate di Mozart, sostenendo ironicamente che si intitola *Mozart sta Pensando al Presidente Mao*. Questo stratagemma ha un enorme successo e permette a Luo e al suo amico di tenere e suonare il violino.

- **Letteratura**. Sotto il regime di Mao, i libri divennero estremamente rari e furono strettamente controllati dalle autorità: erano consentiti solo i libri scolastici comunisti, il *Libretto Rosso* di Mao e gli scritti dei suoi sostenitori. Questo perché la letteratura può ampliare la mente del lettore e portarlo a pensare con la propria testa, il che andava contro gli obiettivi della propaganda e la visione del governo cinese, che voleva instillare nei suoi cittadini un forte senso di coscienza di classe e di odio verso i nemici percepiti. Di conseguenza, il narratore "fu sorpreso di vedere un libro appoggiato su un tavolo, dato che la gente di montagna era per lo più analfabeta; era un'eternità che non toccava le pagine di un libro" (p. 24). Questo fa capire che possedere libri è molto pericoloso in questo mondo ristretto. Il narratore spiega che chi possiede libri prende innumerevoli precauzioni e descrive come la valigia di Quattrocchi "fosse chiusa con lucchetti in tre punti" (p. 44). Quando i due amici iniziano a parlare del suo contenuto, "un guizzo di panico si manifesta negli occhi del nostro amico miope" (p. 45).

Letteratura occidentale

In questa atmosfera cupa, la letteratura, e in particolare quella occidentale, assume un'importanza molto specifica.

I due protagonisti sono affascinati e attratti dai segreti che potrebbero essere nascosti nei libri proibiti. I loro pensieri si orientano inizialmente verso i classici cinesi, i cui "titoli sgorgavano dalle [loro] labbra, i nomi misteriosi ed esotici evocavano mondi sconosciuti" (p. 46). L'idea della letteratura occidentale entusiasma i due giovani, da tempo frustrati dal fatto che "per anni le sezioni di "letteratura occidentale" delle librerie erano dedicate alle opere complete del leader comunista albanese Enver Hoxha [1908-1985]" (p. 47).

I due amici sono entusiasti all'idea di mettere le mani su una di queste preziose opere, dopo essersi saziati delle "chiacchiere rivoluzionarie su patriottismo, comunismo, ideologia e propaganda" (p. 53) e sperano in qualcosa di meglio. La loro inestinguibile sete di letteratura occidentale li spinge a correre rischi inauditi, in particolare rubando la preziosa valigia di Quattrocchi e trasportando i romanzi di Balzac nei loro secchi.

Attraverso la letteratura occidentale, i due giovani scoprono "il risveglio del desiderio, la passione, l'azione impulsiva, l'amore" (*ibid*) e "il mistero del mondo esterno, soprattutto quello delle donne, dell'amore e del sesso" (p. 101). Si immergono in mondi che prima sembravano inimmaginabili, ma che sembrano spalancare le porte per accoglierli.

Il narratore diventa anche più "cavalleresco" una volta entrato in contatto con la letteratura occidentale e fa addirittura della letteratura una parte della sua vita quotidiana, paragonando alcune situazioni che sta vivendo a testi letterari. Per esempio, fa il seguente commento sulla posizione pericolosa in cui si trova la Piccola Cucitrice quando rimane incinta:

> *"Non c'era un luogo concepibile dove un Romeo e la sua Giulietta incinta potessero eludere il lungo braccio della legge, né dove potessero vivere la vita di Robinson Crusoe assistiti da un agente segreto diventato Man Friday". (p. 149)*

L'ossessione del narratore per questa nuova cultura gli permette di intrecciare queste storie con episodi della sua vita.

La letteratura occidentale fornisce a Luo e al narratore un modo per superare le difficoltà della rieducazione (oltre alla loro amicizia). Inoltre, amplia le loro menti insegnando loro lezioni culturali e di vita.

Il regime autoritario cinese considera la cultura pericolosa perché porta gli individui a sviluppare il libero arbitrio e la capacità di pensiero critico. La libertà di creazione impedisce anche la diffusione di linee di pensiero restrittive che schiacciano l'individualità per "il bene comune".

La Cina e la sua politica di censura mostrano ancora una certa reticenza nei confronti di alcune opere occidentali. In effetti, *Balzac e la piccola cucitrice cinese* è stato vietato dalle autorità cinesi alla sua prima pubblicazione, in parte per il modo in cui presenta la letteratura occidentale, in parte per il modo in cui rappresenta i contadini come fisicamente e intellettualmente bloccati, in parte per la sua rappresentazione senza compromessi della violenza del processo di rieducazione e, soprattutto, per il ruolo chiave che la letteratura occidentale gioca nella narrazione. Sijie ha parlato di questo argomento in diverse occasioni, affermando di essere frustrato dalla mancanza di una traduzione cinese del romanzo, ma ammettendo anche che forse era troppo presto per rivisitare questo periodo storico.

In ogni caso, solo tre anni dopo la pubblicazione originale del romanzo, durante i quali ha ricevuto un innegabile successo internazionale, è stato finalmente tradotto in cinese – anche se ha subito alcune modifiche nel corso del processo, in particolare il fatto che la versione cinese del romanzo contiene una serie di riferimenti aggiunti a opere chiave della letteratura cinese, nonché note del traduttore che esprimono riserve sulle opere occidentali che vengono citate.

ULTERIORI RIFLESSIONI

ALCUNE DOMANDE SU CUI RIFLETTERE....

- Su quali eventi storici reali si basa il romanzo? Conoscete altre opere che si svolgono in un contesto basato su fatti storici, ma che non possono essere necessariamente classificate come romanzi storici?

- Secondo lei, chi è il protagonista di questo romanzo, il narratore o Luo? Giustificate la vostra risposta.

- Come descriverebbe l'amicizia tra Luo e il narratore? È simile all'amicizia tra loro e Quattrocchi? Spiega la tua risposta.

- Quest'opera può essere considerata un'autobiografia? Spiegate la vostra risposta.

- Secondo lei, perché l'autore usa un tono neutro e oggettivo? Che effetto ha sul lettore?

- Nel romanzo sono presenti molti tipi di rieducazione. Quali sono? In che modo sono paradossali?

- Balzac è al centro di questo romanzo. Spiegate l'importanza di questa figura.

- Qual è il messaggio di questo romanzo sull'atto della lettura?

- L'autore ha scelto di inserire nella valigia rubata dai due protagonisti libri specifici, ovvero romanzi di autori francesi come Hugo, Stendhal, Dumas, Flaubert e Romain

Rolland. Questi libri forniscono una prospettiva diversa o complementare a quella che i personaggi stanno vivendo?

- Secondo lei, cosa significa l'ultima frase del romanzo? La Piccola Cucitrice dice che "aveva imparato una cosa da Balzac, che la bellezza di una donna è un tesoro senza prezzo" (p. 172); secondo lei, quale strada vuole scegliere per sé?

ULTERIORI LETTURE

EDIZIONE DI RIFERIMENTO

Sijie, D. (2002) *Balzac e la piccola sarta cinese*. Londra: Vintage Books.

STUDI DI RIFERIMENTO

Cantin, A. e Aron, P. (2002) Personnelle (littérature). *Le Dictionnaire du Littéraire*. Parigi: PUF. pp. 435-436.

Mourre, M. (2001) *Le Petit Mourre. Dizionario di storia*. Parigi: Larousse-HER.

ADATTAMENTI

Balzac e la piccola sarta cinese. (2002) [Film]. Dai Sijie. Dir. Cina/ Francia: Empire.

Vogliamo sapere da voi!
Lasciate un commento sulla vostra biblioteca online
e condividete i vostri libri preferiti sui social media!

Perché scegliere Must Read?

Scoprite tutto quello che c'è da sapere su un libro, con i nostri riassunti e le nostre analisi concise e approfondite!

Scoprite il meglio della letteratura sotto una luce completamente nuova!

MUST READ — ANALISI DEL LIBRO
Lo straniero
ALBERT CAMUS

MUST READ — ANALISI DEL LIBRO
Il Grande Gatsby
FRANCIS SCOTT FITZGERALD

MUST READ — ANALISI DEL LIBRO
Una bottiglia nel mare di Gaza
VALÉRIE ZENATTI

MUST READ — ANALISI DEL LIBRO
Vorrei che da qualche parte ci fosse qualcuno ad aspettarmi
ANNA GAVALDA

MUST READ — ANALISI DEL LIBRO
Il conte di Montecristo
ALEXANDRE DUMAS

MUST READ — ANALISI DEL LIBRO
Il profumo
PATRICK SÜSKIND

www.50minutes.com

www.50minutes.com

Master ISBN: 9782808689564
ISBN cartaceo: 9782808610964
Deposito legale: D/2023/12603/1376

Copertura: © Primento

Concezione digitale a cura di Primento, il partner digitale degli editori.